Henry Drummond

Das Beste in der Welt

Henry Drummond

Das Beste in der Welt

ISBN/EAN: 9783743346789

Hergestellt in Europa, USA, Kanada, Australien, Japan

Cover: Foto ©Lupo / pixelio.de

Weitere Bücher finden Sie auf **www.hansebooks.com**

Das Beste in Der Welt

Henry Drummond
F.R.S.E. • F.G.S.

Autorisierte Ausgabe

Das Beste in der Welt.

In unserm Verlage sind erschienen:

Unsere Deutschen Vorfahren. 2. Aufl., geb. $1.20.
  Von Dr. G. C. Seibert.
Michel und Jonathan. . . 2. Aufl., broch. —.25.
  Von Dr. G. C. Seibert.
Blicke ins Jenseits. . Geb. —.75, broch. —.45.
  Von Herman Werner.
Licht für den Lebensweg. Wandrolle. Sammlung
  bibl. Sprüche. —.75.
THE SOCIAL QUESTION. . . . . . Bound $1.00.
  by Dr. J. Oerter.
THE CHURCH AND THE HIERARCHY.
              Bound —.60, broch. —.30.
  by Dr J. Rudolph.
Sonntag-Schul-Klassenbuch
  für 1 Jahr per Dz. $1.00.
  für 3 Jahre per Dz. $1.50.
Sonntag-Schul-Requisiten, Bilder- und
  Fleißkärtchen, Registrirkarten u. s. w.

NEW YORK BOOK DEPOSITORY,
14 Clinton Place, New York.

Das Beste in der Welt

von

Henry Drummond.

Verfasser von „Das Naturgesetz in der Geisteswelt."

Deutsche autorisierte Ausgabe.
Zweite Auflage.

New York.
Verlag von New York Book Depository,
14 Clinton Place.
1890.

Vorrede.

Dieser Vortrag, vor einer großen Versammlung Studirender gehalten, hat bereits in mehreren Sprachen Eingang gefunden. Sein Absatz ist geradezu ein phäno= menaler; nach Hunderttausenden zählt er bereits. Dieser deutschen Originalbearbeitung liegt die vom Verfasser autorisierte eng'ische Ausgabe zu Grund, nach den verbesserten stenographischen Aufzeichnungen. Dieses Geistesprodukt in deutsche Denk= und Sprach= weise zu übertragen, hat — auf Verlangen der Verlags= handlung der Englischen Original=Ausgabe — sich Unter= zeichneter unterzogen.

Möge dieses Hohe Lied der Liebe reichlich Segen stiften.

10. November 1890.

A. Stuckert,
Pastor.

Wenn ich mit Menschen- und Engelzungen redete, und hätte der Liebe nicht, so wäre ich ein tönendes Erz, oder eine klingende Schelle. Und wenn ich weissagen könnte, und wüßte alle Geheimnisse und alle Erkenntnis, und hätte allen Glauben, also daß ich Berge versetzte, und hätte der Liebe nicht, so wäre ich nichts. Und wenn ich all meine Habe den Armen gäbe, und ließe meinen Leib brennen, und hätte der Liebe nicht, so wäre mir es nichts nütze.

Die Liebe ist langmütig und freundlich,
Die Liebe eifert nicht,
Die Liebe treibt nicht Mutwillen, sie blähet sich nicht;
Sie stellt sich nicht ungeberdig,
Sie suchet nicht das ihre,
Sie läßt sich nicht erbittern,
Sie trachtet nicht nach Schaden;
Sie freuet sich nicht der Ungerechtigkeit, sie freuet sich aber der Wahrheit;
Sie verträgt alles, sie glaubet alles, sie hoffet alles, sie duldet alles.

Die Liebe hört nimmer auf, so doch die Weissagungen aufhören werden, und die Sprachen aufhören werden, und das Erkenntnis aufhören wird. Denn unser Wissen ist Stückwerk, und unser Weissagen ist Stückwerk. Wenn aber kommen wird das Vollkommene, so wird das Stückwerk aufhören. Da ich ein Kind war, da redete ich wie ein Kind, und war klug wie ein Kind, und hatte kindische Anschläge; da ich aber ein Mann ward, that ich ab was kindisch war. Wir sehen jetzt durch einen Spiegel in einem dunkeln Wort; dann aber von Angesicht zu Angesicht. Jetzt erkenne ich es stückweise, dann aber werde ich es erkennen, gleichwie ich erkannt bin. Nun aber bleibet Glaube, Hoffnung, Liebe, diese drei; aber die Liebe ist die größeste unter ihnen. 1 Kor. 13.

Das Beste in der Welt.

Jeder hat sich gewiß schon einmal die große Frage des Altertums, wie auch der Neuzeit vorgelegt: was ist doch wohl im Leben das allerhöchste Gut? „Nur einmal lebt man in der Welt", sagt die Weisheit auf der Gasse. Allbedeutsam ist darum die Frage: Was ist das Erhabenste, das Allerbegehrenswerteste, wonach wir trachten können?

Von Jugend auf hat man uns gelehrt, der Glaube sei im Menschenleben das höchste Gut. Von ihm hänge der Wert und das Glück des ganzen Lebens ab. Diese Lehre war von je her im christlichen Volke gang und gäbe. Und gewiß darf man den Glauben nicht in seiner Bedeutung beeinträchtigen, denn „wer nicht glaubet, wird verdammt werden" und „was nicht aus dem Glauben gehet, das ist Sünde" — aber nur wo die Liebe den Glauben erklärt und v e r k l ä r t, können wir nicht irre gehen.

In dem im Eingang erwähnten Kapitel werden wir gleichsam an die Quelle des Christentums geführt. Da tritt uns das herrliche Wort entgegen: „D i e L i e b e i s t d i e g r ö ß e s t e u n t e r i h n e n." Es ist dies kein Versehen. Paulus hebt den Glauben zwar hoch empor, dennoch steht er nicht an, zu sagen: „und wenn ich allen Glauben hätte, also, daß ich Berge versetzte, und hätte der Liebe nicht, so wäre ich nichts." Es ist dies nichts weniger, als ein Uebersehen, denn er stellt die Liebe mit aller Nachdrücklichkeit dem Glauben gegenüber. „Nun aber bleibet Glaube, Hoffnung, Liebe, diese drei," bezeugt er, und ohne Zögern fällt er die Entscheidung: „aber d i e L i e b e ist die größeste unter ihnen!"

Auch ist dies keine Voreingenommenheit seitens des Apostels. Man ist leicht geneigt, die eigenen Vorzüglichkeiten Anderen anzuempfehlen. Liebe war aber nicht die starke Seite Pauli. Obgleich man wahrnehmen kann, daß in dem Charakter Pauli eine liebliche Innigkeit wächst und reift, wie er an Jahren fortschreitet, so ist doch die Hand, die schreiben konnte: „Die Liebe ist die größeste unter ihnen", da wir ihr zum erstenmale begegnen, mit Blut befleckt.

Dieses Lob der Unübertrefflichkeit der Liebe als höchstes Gut, steht mit nichten vereinzelt da. Die ganze Heilige Schrift ist e i n e r Meinung in diesem Stücke. Petrus sagt: „vor allen Dingen aber habt untereinander eine brünstige Liebe" — merke: „v o r a l l e n D i n g e n!" Johannes geht weiter: „Gott ist die Liebe." Paulus nennt Röm. 13, 10 die Liebe geradezu „des Gesetzes Erfüllung." Habt ihr daran gedacht, was er wohl damit sagen will? Zu jener Zeit wollte man sich in den Himmel hineinarbeiten durch das Halten der zehn Gebote und hundert anderer Aufsätze, die man sich aus jenen herausfabrizirte. Die

Heilige Schrift weist auf einen weit einfacheren Weg hin. Gehen wir denselben, dann erfolgt die Erfüllung der Gebote wie von selbst.

Der Liebe wird gleichsam die Erfüllung des ganzen Gesetzes zur anderen Natur. Dies ist selbstverständlich. Es kann gar nichts anders sein. Irgend ein Gebot kann dies erhärten. „Du sollst nicht andere Götter haben neben mir." Wer Gott liebt, bedarf diesen Wink nicht, denn die Liebe ist Erfüllung dieses Gebotes. „Du sollst den Namen deines Gottes nicht unnützlich führen." Wer Gott liebt, wird nicht im Traum daran denken, Seinen Namen zu mißbrauchen. „Du sollst den Feiertag heiligen." Wer Gott liebt, wird sich freuen, unter sieben Tag einen dem ausschließlichen Dienste seines Herrn zu widmen. Ganz von selbst erfüllt demnach die Liebe diese Gebote in Bezug zu unserm Verhalten gegen Gott. Ebenso: wer seinen Nächsten liebt, hat die Mahnung nicht nöthig: Vater und Mutter zu ehren. Unaufgefordert thut es dies. Es wäre widersinnig, ihm zu sagen, es solle nicht tödten. Eine Beleidigung wäre es geradezu, ihn vor dem Diebstahl zu warnen, denn wie könnte er die bestehlen, die er wirklich liebt? Falsch Zeugniß gar zu reden wider seinen Nächsten, würde die Liebe ihm zur Unmöglichkeit machen. Auch dächte Niemand im Schlaf daran, ihn anzuhalten, seines nächsten Habe nicht zu begehren. Eher gönnte er seinem Nächsten, als sich selbst den Besitz. Und so ist nun die Liebe des Gesetzes Erfüllung: sie ist die E i n e Grundregel, das „neue" Gebot zur Erfüllung aller alten Gebote, Christi eigenes Geheimniß für den christlichen Lebenswandel.

Dieses Geheimniß nun hat Paulus gelernt; und in diesem herrlichen hohen Lied der Liebe, hat er uns über das höchste Gut den allerwundervollsten Aufschluß gegeben. Im Eingang schildert er uns die Liebe nach ihrem W e r t e (V. 1—3); sodann die Liebe nach ihrem W e s e n (V. 4–7); und endlich die Liebe nach ihrer D a u e r (V. 8—13).

Der Liebe Wert.

Paulus vergleicht die Liebe mit dem Schätzenswertesten jener Zeit. Wir können uns kurz fassen, da sofort in die Augen fällt, daß jenes Schätzenswerteste keinen Vergleich mit der Liebe aushalten kann.

Der Liebe stellt der Apostel die Beredsamkeit entgegen. Und welche edle Gabe ist es, Gefühl und Willen der Menschen zu bestimmen, sich zu erhabenen Zwecken, zu heiligen Thaten aufzuschwingen! Trotzdem sagt Paulus: „Wenn ich mit Menschen- und mit Engelzungen redete, und hätte der Liebe nicht, so wäre ich ein tönend Erz, oder eine klingende Schelle". Wir alle wissen warum. Wie kalt lassen einen doch jene hohltönenden Worte, ohne Gefühl, die trotz dem größten Schwung dennoch unerklärlicherweise keine Ueberzeugung zu wecken im Stande sind! Und weshalb? Weil die Liebe dabei fehlt! Paulus stellt die Liebe der Weissagung, er stellt sie Geheimnissen, er stellt sie dem Glauben, er stellt sie endlich der Wohlthätigkeit gegenüber. Warum ist die Liebe größer, als der Glaube? Weil der Zweck größer ist, als das Mittel. Und warum ist die Liebe größer, als die Mildthätigkeit? Weil das Ganze größer ist, als der Teil. Liebe ist größer als Glaube, da der Zweck größer ist, als das Mittel. Was nützt denn der Glaube? Die Seele mit Gott zu verbinden. Was aber ist Zweck solcher Verbindung mit Gott? Den Menschen zur Gottebenbildlichkeit umzugestalten. Und — „Gott ist die Liebe." Daher ist der Glaube der Liebe gegenübergestellt, das Mittel zum Zweck. Es folgt, daß Liebe größer, als Glaube ist. Auch ist sie größer als Mildthätigkeit, weil eben das Ganze größer ist, als blos der Teil. Mildthätigkeit ist ein winziger Teil dessen, was Liebe ist — blos eine der manigfaltigen Erweisungen der Liebe; ja, es gab und giebt viel mildthätiges Wesen, dem die Liebe mangelt. Es ist eine leichte Sache, einem Straßenbettler ein Kupferstück hinzuwerfen; es ist dies eigentlich leichter zu thun, als zu unterlassen. Unter Umständen ist die Liebe gerade so zurückhaltend, wie sie freigebig ist. Auf Kosten des Kupfers kaufen wir uns nur zu gern frei von dem Mitgefühl, das etwa durch den Anblick des Elendes in uns geweckt wurde: sehr billig — für uns, möglicherweise aber für den Bettler allzuteuer.

Paulus stellt hier die Liebe den größten Aufopferungen, ja selbst dem Märtyrerthum gegenüber. Ich möchte bei diesem Anlaß die kleine Schaar zukünftiger M i s s i o n a r e — und ich habe die Ehre, etliche unter euch bei diesem Namen zum erstenmale also zu nennen — daran erinnern, daß, ob ihr auch euern Leib brennen ließet und hättet der Liebe nicht, es euch nichts nützte! Ihr könnt nichts größeres in die Heidenwelt hineintragen, als das Gepräge und den Abglanz der Liebe Gottes in euerem eigenen Charakter. D a r i n besteht die Universalsprache. Ihr gebraucht Jahre, Chinesisch zu erlernen oder mit den Dialekten Indiens in's Reine zu kommen. Die Sprache der Liebe aber, von Allen verstanden, wird von dem ersten Landungs= tage an in unbewußter Beredsamkeit überfließen. Nicht was er sagt, sondern was der Mann selbst ist, macht ihn zum Missionar. Sein Charakter ist seine Botschaft. Im Herzen Afrikas begegneten mir Schwarze, Männer und Weiber, die sich des einzigen weißen Mannes, den sie sahen, erinnern konnten -- David Livingstones; und geht man in jenem dunkeln Erdteil seinen Fuß= stapfen nach, so leuchtet das Angesicht jener Wilden, wenn wir sie reden hören von dem freundlichen Arzt, der vor Jahren einst dort vorbeizog. Sie konnten ihn zwar nicht verstehen, sie fühlten aber den Pulsschlag seiner Liebe zu ihnen. Nehmt daher in eueren neuen Be= rufskreis, worin auch ihr euer Leben aufzuopfern ge= denkt, jenen einfältigen Liebeszauber mit, und euere Lebensarbeit wird gekrönt. Nichts größeres könnt ihr mitnehmen, und weniger wäre ungenügend. Es ist nicht der Mühe wert, überhaupt zu gehen, falls ihr mit weniger euch begnüget. Hättet ihr auch alle Bildung euch angeeignet, wäret ihr zu jeglichem Opfer bereit, ja, gäbet ihr eueren Leib selbst dem Flammentode preis, und ihr hättet der Liebe nicht, so wäre es euch und der Reichssache Christi n i ch t s nütze.

Der Liebe Wesen.

Nachdem Paulus den Wert der Liebe an anderen Dingen gemessen, zeigt er in drei kurzen Versen das **Wesen** des höchsten Gutes. In schlagfertigster Weise legt er die Wesensbestandtheile der Liebe auseinander, die, dem Lichte ähnlich, eine wundersame Zusammensetzung um einen Kern bilden. Wie ein dem Licht ausgesetztes Glasprisma alle Regenbogenfarben widerspiegelt gemäß dem Gesetze der Farbenbrechung, so durchleuchtet die Einstrahlung der Liebe Gottes den Geist des Apostels, und der Wiederschein der Liebe bricht im herrlichsten Farbenspiel ihrer Elemente hervor. In diesen wenigen Versen haben wir gleichsam den **Farbenspiegel** der Liebe. Wir finden bei näherer Prüfung dieser Einzelbestandteile bekannte Tugenden, von welchen wir täglich hören, und die ein Jeder allerorts und in jeder Lebenslage auszuüben im Stande ist. Die dem Wesen der Liebe zu Grund liegenden Eigenschaften sind einfacher, gewöhnlicher Art; allbekannt und vielgenannt. In ihrer harmonischen Gruppirung bilden sie die Lebenskrone des höchsten Gutes.

Der Farbenspiegel der Liebe erglänzt neunfaltig: —

Geduld . . . . . „Die Liebe ist langmütig."

Freundlichkeit . „Und freundlich."

Großmut . . . „Die Liebe eifert nicht." (Kennt keine Mißgunst).

Demut . . . . „Die Liebe treibt nicht Mutwillen, sie blähet sich nicht".

Sittsamkeit . . . „Sie stellt sich nicht ungeberdig" (geberdet sich nicht rücksichtslos, unhöflich).

Uneigennützigkeit „Sie suchet nicht das Ihre."

Gelassenheit ... „Sie läßt sich nicht erbittern".
Arglosigkeit .. „Sie trachtet nicht nach Schaden".
(Kehrt alles zum besten.)
Aufrichtigkeit .. „Sie freuet sich nicht der Ungerechtigkeit, sie freuet sich aber der Wahrheit."

Geduld, Freundlichkeit, Großmut, Demut, Sittsamkeit, Uneigennützigkeit, Gelassenheit, Arglosigkeit, Aufrichtigkeit — dies sind die Bestandtheile des Einen köstlichen Gutes, die Grundelemente der Vollkommenheit, deren Wirkungssphäre nicht in der jenseitigen Welt, sondern in den heutigen Lebensverhältnissen im Umgang mit den Menschen liegt.

Von der Liebe zu Gott reden wir gar oft und versäumen dabei die Liebe zum Nächsten, worauf der Herr doch so besonderen Nachdruck legt (1 Joh. 4, 20. 21). Vom Himmelsfrieden wird viel geredet, „Friede auf Erden" heißt die selige Botschaft.

Wahres Christentum ist keine uns fremdartige,

von außen blos aufgerückte Sache, sondern eine Umgestaltungskraft zur Gottähnlichkeit inmitten dieses zeitlichen Lebens. Das köstliche Lebensgut ist daher keine Sache außer uns; es ist vielmehr die geheime Triebkraft in uns zur Verklärung der mannigfaltigen Worte und Handlungen, aus welchen das tägliche Leben sich zusammensetzt.

Nur in aller Kürze können wir auf die einzelnen Bestandtheile der Liebe hinweisen.

Liebe ist G e d u l d. Dies ist ihr alltägliches Gewand, in dem sie zu aller Zeit einhergeht. Sie kann leiden, meiden und warten. Sie überstürzt sich nie; sie ist zu aller Arbeit willig und fähig sich hinzugeben, wo immer sie einzugreifen Gelegenheit hat. Ruhig und sicher erfaßt sie ihre Aufgabe. Milde und Langmut athmet sie aus, denn „sie ist langmütig". Sie verträgt alles, glaubet alles, hoffet alles. Ihr Blick ist scharf und darum bleibt sie stets fein unten in ruhiger Erwartung.

F r e u n d l i c h k e i t — thätige Liebe. Lasset uns zur „Freundlichkeit" in die Schule gehen, wie sie aus dem ganzen Erdenwandel des Herrn herausstrahlt. Die Evangelien wissen n i c h t s anderes denn Liebesthaten und holdseliges Wesen von Ihm zu berichten. Unermüdlich war er allzeit bereit, Allen Freude zu machen, ihnen Gutes zu erweisen. Nur Eines gibt es in der Welt, das die Glückseligkeit überragt: H e i l i g k e i t. Heiligkeit ist aber nicht unserem Verwahrsam anvertraut, in u n s e r e Macht aber hat es Gott gestellt, das Glück unserer Mitmenschen durch dienstbeflißene Freundlichkeit zu fördern. Der beste Beweis der Liebe zu Gott ist, allen seinen Kindern Freundlichkeit entgegenbringen. Weshalb sind wir nicht freundlicher mit unseren Nächsten? Wie nötig ist dies der Welt! Freundlich zu sein ist so leicht, so überraschend wirksam, so eindrucksvoll. Es birgt seinen überreichlichen Lohn in sich selbst; nirgends giebt es einen so ehrlichen und weitherzigen Schuldner, als die

Liebe: „sie hört nimmer auf". Liebe ist Erfolg; Liebe ist Glück; Liebe ist Leben. Liebe ist des ganzen Lebens Triebkraft.

> „Leben voll von Lust und Weh,
> Voll von Angst und Hoffen:
> Liebesreize aus der Höh,
> Ziehen unverdroßen
> Uns zum Liebeszauber hin
> Mit dem reichlichsten Gewinn.
> Was die Liebe kann, und war —
> L e r n b e g i e r nur macht es klar."

Wo Liebe, da Gott. Wer in der Liebe b l e i b e t, der bleibet in Gott. Gott ist die Liebe. Daher: übe Liebe. Uebe sie ohne Unterschied, ohne Berechnung, ohne Zaudern. Dem Armen teile sie reichlich mit, das ist eine leichte Sache; gieb sie dem Reichen, er hat sie oft am nötigsten; vor allem aber schenke sie deinesgleichen, was oft gar schwierig ist. Für unseresgleichen thun wir nur zu oft am allerwenigsten. Es ist ein Unterschied zwischen bloßem Streben w o h l z u

gefallen und **Wohlgefallen** zu bereiten. Versäume keine Gelegenheit hiezu, denn darin besteht der unaufhörliche und ungesuchte Triumph eines wirklich liebenden Gemütes. Einmal nur durchwandle ich dieses Leben. Irgend eine Freundlichkeit, die ich thun, irgend eine Gefälligkeit, die ich meinem Nächsten erzeigen kann, will ich ohne Aufschub j e t z t beweisen, denn nie werde ich dieses Weges wieder kommen.

Großmut. Luther übersetzt: „Die Liebe eifert nicht", wird nicht heftig. Es handelt sich hier um Liebe, die Anderer Vorzüge und Erfolge nicht schmälert, sondern freudig und bereitwillig zu jeder Zeit anerkennt. Selbst wo wir gute Werke treiben, finden sich stets auch Andere, die dasselbe thun; ja möglicherweise noch besser thun als wir. Beneide sie nicht darob Der Geist des Neides und der Mißgunst untergräbt sogar in seiner Begehrlichkeit und Geringschätzung die sonst wirksamsten Arbeiten für Gottes Reich. Bei jeder guten That, die wir im Begriffe zu thun sind, lauert schon diese verächtlichste aller unwürdigen Gesinnungen auf uns, es sei denn, wir sind mit dem Panzer des Großmutes gewappnet. Nur um eines darf und soll ein Christ eifern: daß er ein weiches, weites, edelmütiges Herz voll Liebe besitze, das „nicht eifert."

Ist dies gelernt, so müsset ihr euch die D e m u t zu eigen machen, das heißt: ein Schloß an eure Lippen legen und vergessen, was ihr Gutes etwa gethan. Hat sich durch eure Freundlichkeit die Liebe heimlich Bahn brechen können durch ihr beseligendes Werk, werft den Schleier der Verborgenheit und Verschwiegenheit darüber. Die Liebe verbirgt sich gern vor ihr selbst. Sie spiegelt sich nicht in eitler Selbstbefriedigung. Weil sie sich selbst nicht groß dünkt, kann sie sich auch nimmer aufblähen.

Den fünften Bestandteil — S i t t s a m k e i t (höfliches Zuvorkommen) im Zusammenhang mit diesem höchsten Lebensgut zu finden, mag einigermaßen befremden. Wir haben hier die Liebe im gesellschaftlichen

Umgang, gleichsam die Liebe in ihrer Beziehung zum Wohlanstand. „Die Liebe stellt sich nicht ungeberdig." Höflichkeit hat man als Liebe in Kleinigkeiten bezeichnet. Dasselbe gilt von der zuvorkommenden Sittsamkeit. Das ganze Geheimniß ächter Höflichkeit hat aufrichtige Liebe zum Grund. Liebe kann sich nicht ungeberdig stellen. Man bringe mit den Formen der Umgangsbildung ganz Unbekannte in die beste Gesellschaft; wenn Liebe ihre Herzen erfüllt, werden sie sich nimmermehr unhöflich, ungeberdig anstellen. Sie können es einfach nicht. Carlyle sagte von Robert Burns, daß in Europa kein Edelsinnigerer zu finden sei, als der berühmte Dichter aus dem Bauernstande, weil er allem, was Gott geschaffen, treuherzige Liebe zuwandte, und war's blos ein Mäuschen im Feld, oder ein Maßliebchen neben seiner Hütte. Mit diesem einfachen Paß versehen, fand er kraft seiner Herzensbildung Zugang in die besten, ja höchsten Gesellschaftskreise. Es liegt in der Natur der Sache, daß wahrer

Seelenadel sich keiner unziemenden, Anstoß erregenden oder uneblen That schuldig machen kann, während der rücksichtslose, liebeleere Selbstsüchtling hinwiederum nichts anderes treiben kann, als was s e i n e r Natur entspricht. Wahre „Liebe stellt sich nicht ungeberdig."

U n e i g e n n ü ß i g k e i t — „Die Liebe suchet nicht das Ihre." Ja, nicht einmal das, was ihr mit Fug und Recht zukommt, sucht sie. Ein Jeder hat seine Rechte; es mag aber Umstände geben, in welchen wir sogar von dem höheren Rechte, unsere eigenen Rechte aufzugeben, Gebrauch zu machen berufen sein mögen. Der Apostel fordert uns zwar nicht auf, unsere Rechte preiszugeben; die Liebe aber greift viel tiefer. Sie möchte, daß wir uns solcher Rechte ganz entschlagen, sie nicht kennen wollen, kurz: das Persön= liche dabei völlig aus unseren Berechnungen aus= schließen. Es ist nicht schwer, auf unsere Rechte zu ver= zichten. Sie sind oft blos äußerlich. Schwer aber ist die Selbsthingabe; noch schwieriger jedoch ist es, in selbstloser Liebe nichts Eigenes zu suchen. Von dem, was wir für uns selbst suchen, kaufen, erreichen oder erwerben, fällt das Beste uns zu; denn aber ist die Hingabe kein wirkliches Opfer mehr. Nicht auf das Eigene, sondern „auf das, was des Anderen ist, zu sehen" — das ist die A u f g a b e !

Jeremias sagt (45, 5): „Begehrest du dir große Dinge? B e g e h r e e s n i c h t !" Warum? Weil irdischen Dingen keine Größe innewohnt. Dinge dieser Welt können nicht groß sein. Das einzig Große ist selbstverleugnende Liebe. An und für sich ist Selbstverleugnung sogar nichtig, ja fast irrig; nur eine edle Absicht und mächtigere Liebe kann solche Selbstverneinung rechtfertigen. Ich sagte eben, es sei schwieriger, unser Eigenes gar nicht zu suchen, als wenn gesucht, es wieder aufzugeben. Ich muß dies zurücknehmen. Dies gilt eigentlich nur von einem Herzen, aus dem die Selbstsucht noch nicht völlig entschwunden. Nichts ist der Liebe eine Beschwerde, und kein

Opfer ist für sie zu groß. Das Joch Christi ist sanft. Das „Joch" Christi ist gerade Seine Art, wie Er das Leben auffaßt. Und ich halte dafür, daß dies ein leichterer und weit glückseligerer Weg, als alle anderen ist. Klar und deutlich lehrt Christus, daß wahre Glückseligkeit nicht im Besitzen oder im Erwerben besteht, sondern allein nur im Geben. Ich wiederhole es: Nicht Besitz oder Erwerb, sondern Geben allein verleiht uns Glückseligkeit. Die halbe Welt ist daher auf der verkehrten Fährte in der Jagd nach Glück. Sie denkt, das Glück bestände im Besitz und Erwerb, und im Bedientwerden von Anderen. In Wirklichkeit aber besteht es im Geben und im Bedienen Anderer. „Der Größeste unter euch — sagt der Herr — sei euer aller Diener." Wer glücklich sein will, gedenke daran, daß es nur den einen Weg giebt: „Geben ist seliger, denn nehmen."

Gelassenheit — ist der nächste Bestandteil.

„Die Liebe läßt sich nicht erbittern." Nichts kann auffallender sein, als in dieser Verbindung Gelassenheit zu finden. Wir sind geneigt, eine gereizte Gemüthsstimmung als eine harmlose Schwäche anzusehen. Wir bezeichnen sie einfach als eine bloße Naturschwäche, ein Familienübel, einen Temperamentsfehler, und nicht als eine Sache, die etwa ernsthaft in's Gewicht fiele bei der Beurteilung des Charakters eines Menschen. Und doch findet Reizbarkeit hier im Herzpunkt des Farbenspiegels der Liebe richtig ihren Platz; und wieder und wieder warnt die Heilige Schrift davor, als vor einem der zerstörendsten Elemente der menschlichen Natur. Die Eigentümlichkeit solcher Reizbarkeit ist, daß sie sich oft gerade bei sonst trefflichen Leuten findet. Es ist oft der einzige Flecken eines sonst edlen Charakters. Es giebt Männer, die beinahe vollkommen, und Frauen, die es gänzlich wären, ständen ihnen nicht eine allzuleichte Reizbarkeit, eine hitzige Natur, oder ein allzu „empfindliches" Temperament im Wege. Die Vereinbarung von derartigen Temperamentsfünden mit ernſtſittlichem Charakter iſt eines der befremdendſten und traurigſten Probleme der Ethik. Thatſache iſt, daß es zwei große Klaſſen von Sünden giebt — Thatſünden und Temperamentsſünden. Der verlorene Sohn mag als Bild der erſteren, der ältere Bruder als das der letzteren Klaſſe gelten. Es unterliegt nun durchaus keinem Zweifel, was nach dem allgemeinen Urteil wohl das Schlimmere ſei. Ohne Einwand wird das Brandmal dem verlorenen Sohne aufgedrückt. Iſt dies aber recht? Wir haben keine Wage, unſere Sünden einander gegenſeitig abzuwägen, und die Bezeichnung, grobe und feine Sünden, iſt blos menſchliche Redeform. Fehler im Gebiet des Geiſtes ſind möglicherweiſe weit weniger verzeihlich, als ſolche einer niedrigeren Sphäre, und dem Auge deſſen der die Liebe iſt, mag eine Sünde gegen die Liebe begangen, hundertmal ärger erſcheinen. Keine Form des Laſters, kein Welt=

sinn, keine Geldgier, ja nicht einmal Schwelgerei tragen mehr zur Entchristlichung der menschlichen Gesellschaft bei, als eben diese Temperamentssünden. Das Leben zu verbittern, ganze Gemeinwesen zu Grund zu richten, die heiligsten Blutsbande zu zerstören, den heimatlichen Herd zu veröden, Männer und Weiber der Lebensfrische zu berauben, die Kindheit um ihre Lieblichkeit zu bringen, kurz: als eine gänzlich willkürliche, unheilschwangere Macht — steht dieser pestartige Einfluß unvergleichlich da.

Schaut euch einmal den älteren Bruder an: sittsam, emsig arbeitend, geduldig, pflichtsgetreu — lassen wir ihm volle Geltung für seine Tugenden — ja, schaut ihn an, diesen Mann, dieses trotzig=kindische Wesen, das mürrisch vor seines eigenen Vaters Thüre steht! „Er ward zornig" — lesen wir — „und wollte nicht hineingehen." Blickt einmal hin auf die Wirkung, die dies auf den Vater, die Diener und auf die Festfreude der Gäste haben mußte! Beurteilet die

Wirkung, die es auf den verlorenen Sohn hervorbringen mußte — und wie viele solcher verlorenen Söhne fühlen sich abgestoßen vom Reich Gottes durch die Lieblosigkeit vermeintlich Frommer, die den Himmel gepachtet zu haben wähnen? Betrachtet einmal genau die Gewitterwolke selbst, wie sie sich in der Miene des älteren Bruder zu entladen droht. Aus welchen Elementen besteht sie? Eifersucht, Zorn, Stolz, Lieblosigkeit, Grausamkeit, Selbstgerechtigkeit, Empfindlichkeit, mürrisches Wesen, Verdrießlichkeit — das sind die Bestandteile dieses finsteren und liebeleeren Gemütes. Mehr oder minder finden sich diese Hauptbestandteile überall bei verstimmter Gemütsverfassung. Urteilet selbst, ob dergleichen Temperamentssünden für uns und Andere nicht schwerer zu tragen sind, als Thatsünden? Hat nicht Christus selbst diese Frage beantwortet, als er sagte: „Ich aber sage euch, die Zöllner und Huren mögen wohl eher in das Himmelreich kommen, denn ihr!" Im Himmel ist gewiß kein

Platz für eine derartige Gemütsstimmnung. Ein Mensch mit solchem Sinn würde den Himmel allen, die darinnen sind, verbittern. Es sei denn, daß ein Solcher von neuem geboren werde, so kann er nicht, er **kann wirklich nicht** — in das Reich Gottes kommen; denn es ist gewißlich wahr — und ihr werdet mich nicht mißverstehen — daß, um in den Himmel zu kommen, man erst den Himmel in sich tragen muß.

Ihr sehet daher, wie so bedeutungsschwer eine solche arge Gemütsbeschaffenheit ist. Nicht nur um deßwillen, was sie in sich selbst ist, sondern auch um deßwillen, was sie offenbart. Dies ist auch der Grund, warum ich mir jetzt die Freiheit nehme, in so deutlicher Offenheit darüber zu reden. Solche Gesinnung ist ein Merkmal, eine Offenbarmachung eines im Grunde lieblosen Wesens. Sie ist dem Wechselfieber gleich, welches auf eine ununterbrochene innerliche Krankheit hinweist; die gelegentliche Erscheinung dessen, was die unter der Oberfläche liegende Fäulniß in sich birgt;

die unbewachte Aeußerung der innersten Seelentriebe — in einem Wort, es ist dies das Erblitzen einer Legion greulicher Sünden. Der Mangel der Geduld, der Freundlichkeit, des Großmutes, der Gelassenheit, der Uneigennützigkeit bricht urplötzlich hervor durch einen einzigen derartigen Zornes- und Gefühlsausbruch.

Es ist daher nicht genug, sich blos mit diesen Gemütsaufwallungen zu befassen. Wir müssen an die Quelle gehen und das innerste Wesen einer Veränderung unterwerfen; so nur können diese zornigen Ausbrüche von selbst erlöschen. Das Gemüt wird nicht durch die Entfernung des Unkrautes veredelt, wohl aber durch das Einpflanzen eines neuen Geistes, des Geistes der Liebe Christi. Christus, der Geist Christi, der unseren Geist durchdringt, ist es, der Alles besänftigt, läutert, verwandelt. Dies ist die göttliche Alchemie, wodurch alles Uneble ausgetilgt, und der innere Mensch erneuert, wiedergeboren und in's Bild Gottes verklärt wird. Eigene Willenskraft ändert den Menschen nicht. Die Zeit verändert den Menschen auch nicht. Nur Christus. „Ein Jeglicher sei gesinnet, wie Jesus Christus auch war." Etliche von uns haben keine Zeit mehr zu verlieren. Denkt daran — ich wiederhole es — daß Leben oder Tod dabei auf dem Spiele sind. Ich kann nicht anders, ich muß eindringlich reden, um meinet= und um euretwillen. In den Worten: „Wer aber ärgert dieser Geringsten einen, die an mich glauben, dem wäre besser, daß ein Mühlstein um seinen Hals gehängt und er ersäufet würde im Meere, da es am tiefsten ist" — gibt der Herr den bedeutsamen Entscheid, daß es besser sei, nicht zu leben, als nicht zu lieben. **Es ist besser nicht zu leben, als ohne Liebe zu leben.**

Arglosigkeit und Aufrichtigkeit bedürfen nur weniger Worte. Arglosigkeit ist die Gnaden= gabe für die Argwöhnischen. Im Besitz derselben liegt das große Geheimniß persönlichen Einflusses. Ihr werdet finden, daß Leute, die euch beeinflußen, Leute sind, die Zutrauen zu euch haben. In argwöhnischer Atmosphäre schrumpft der Mensch zusammen, während der Einfluß des Zutrauens das Herz erweitert und ermunternde und fördernde Gemeinschaft bietet. Zu verwundern ist es, daß in dieser harten, liebeleeren Welt immer noch auserlesene Seelen zu finden sind, die in Einfalt einhergehen, die sich in edler Weltflucht über die Welt erheben. Liebe denkt nichts Arges. Sie trachtet nicht nach Schaden. Sie unterschiebt nicht unreine Absichten. Sie sieht die Lichtseite und läßt die günstigste Beurteilung der Handlungen Anderer gelten. Wie erquickend ist es, in einem solchen Gemütszustand zu leben! Welch ein Antrieb und Segen, auch nur einen einzigen Tag solche Luft zu atmen! Zutrauen erweckt Hoffnung. In unserm Bestreben, Andern zum Guten, zur Besserung zu gereichen, werden wir bald wahrnehmen, daß wir nur in dem Maße erfolgreich sein können, als andere von unserm Zutrauen zu ihnen überzeugt sind. Denn die Achtung eines Andern ist der erste Schritt zur Wiedererlangung der verlorenen Selbstachtung im Menschen. Was wir von ihm halten, wird ihm zum hoffnungsvollen Sporn und Ziel seines Strebens werden.

„Die Liebe freuet sich nicht der Ungerechtigkeit sie freuet sich aber der Wahrheit." Wer liebt, wird die Wahrheit nicht weniger als die Menschen lieben. Er freut sich der Wahrheit — nicht hergebrachter Meinungen, oder angelernter Ueberlieferungen, noch dieser oder jener kirchlichen Formen, sondern allein die Wahrheit kann sein tiefstes Sehnen stillen. Er ringt nach Wahrheit mit demütigem, vorurteilsfreiem Sinn und unterzieht sich freudig den größten Opfern um der Wahrheit willen. Die buchstäbliche Ueberſetzung dieser Stelle drückt eben diesen Sinn aus. Was Paulus eigentlich zu sagen beabsichtigt, lautet*): „Sie freuet sich nicht

---

*) Vergleiche zu dieser Stelle: Das Neue Testament, übersetzt von C. Weizsäcker, 2. Auflage; ebenso: Das Neue Testament aus dem Urtext übersetzt. Elberfeld 1871. 3. Auflage.

über (oder: in) dem Unrecht, sie freuet sich vielmehr mit der Wahrheit" — Eigenschaften, welche kaum ein einziges deutsches Wort, sicherlich aber die Bezeichnung „Aufrichtigkeit" nicht ausdrückt. Was rem Apostel dabei vorschwebt, ist Selbstbeherrschung, die verweigert Kapital aus den Fehlern Anderer zu schlagen; Milde, welche sich darin ergötzt, die Schwächen Anderer nicht zu offenbaren, sondern „der Sünden Menge deckt"; Aufrichtigkeit der Absicht, die sich bemüht, die Dinge zu sehen, wie sie sind, und die sich freut, sie besser zu finden, als der Argwohn sie ausgedacht, oder die Verleumdung sie gestempelt

Soviel im Umriß über die Wesensbeschaffenheit der Liebe. Die Hauptaufgabe unseres Lebens besteht nun darin, diese Tugenden in unseren Charakter aufzunehmen und Liebe lernen. Bietet uns dieses Leben nicht beständigen Anlaß, Liebe zu üben? Jedermann findet täglich tausenderlei Gelegenheiten hiezu. Zum Lernen sind wir auf der Welt, nicht zum Spielen.

Nicht zum Vergnügen, sondern zur Erfassung der ewigen Aufgabe: **immer inniger zu lieben!** Wodurch wird einer ein guter Ballspieler? Durch Uebung. Was macht einen zum tüchtigen Künstler, Bildhauer, Musiker? Uebung. Was zum Sprachkenner, zum fertigen Stenographen? Uebung. Was zum edlen Menschen? Uebung. Weiter nichts. Religion ist nichts Launenhaftes. Auch da macht Uebung den Meister. Leib, Seele und Geist, **alle unterliegen demselben Gesetz**. Wer seinem Arm die Uebung versagt, entwickelt seine Muskelkraft nicht; ebenso, wer sein Seelenvermögen nicht übt, wird keine Seelenstärke, keine Charakterkraft, keine moralische Festigkeit, auch keine Schönheit geistigen Wachstums erlangen. Die Liebe ist keine Sache enthusiastischer Gemütsbewegungen. Sie ist der überfließende, starke, männliche, kräftige Ausdruck eines ganzen, umfassenden christlichen Charakters — die christusähnliche Natur in ihrer vollsten Entwicklung. Solch großer Charakter kann nur durch unablässige Uebung aufgebaut werden. Was that Christus in der Zimmermannswerkstätte? Er übte sich. Er war vollkommen, dennoch lesen wir: daß er Gehorsam l e r n t e, und zunahm an Weisheit und Gnade bei Gott und den Menschen. Murre daher nicht über dein Lebensschicksal. Klage nicht über die beständigen Lebenssorgen, über die kleinliche Umgebung, über dich drückende Beschwerlichkeiten und über die gemeinen, engherzigen Seelen, mit denen du oft gezwungen bist zu leben und zu arbeiten. Vor Allem, laß dich die Anfechtung nicht verdrießen; verzage nicht, wenn es zuweilen scheint, als zöge dieselbe sich immer dichter um dich, ohne Aufhören, trotz aller Anstrengung, Seelenangst und Gebete. Darin sollst du dich üben. Das ist die Aufgabe, die Gott dir zuteilt; sie muß ihr Werk in dir vollbringen: dich geduldig, und demütig, und großmütig, und uneigennützig, und freundlich, und sittsam zu machen. Grolle nicht der Meisterhand, die dem noch allzu formlosen Bild in dir mit scharfem Meisel aufhilft. Es gedeiht darunter um so herrlicher, obwohl du es nicht siehst; und jede weitere Prüfung trägt sicherlich zur Vervollkommnung bei. Harre darum aus im Getriebe der Welt; ziehe dich nicht zurück. Bleibe unter den Leuten, halte aus unter den Drangsalen, Schwierigkeiten und Hindernissen dieses Lebens. Göthe sagt:

„Es bildet ein Talent sich in der Stille,
Doch ein Charakter in dem Strom der Welt."

In der Stille entwickeln sich Talente: Gebetstalent, Glaubenstalent, Andachtstalent, Sehertalent, doch ein Charakter wird gestählt im rauschenden Strome des Weltgetriebes, und in diesem Treiben soll der Mensch Liebe lernen.

Wie? Ja, aber wie? Ich wies, des leichteren Verständnisses wegen, auf einzelne Elemente der Liebe hin. Es waren dies nur Elemente. Die Liebe selbst kann nimmermehr genau beschrieben werden. Licht ist mehr, als blos die Summe seiner Teile — es ist leuchtender, strahlender, webender Aether. Auch die Liebe ist mehr, als alle ihre Elemente — sie ist treibend bewegliches, innnig empfindendes, lebenerweckendes, himmlisches Gut. Durch Zusammensetzung der Regenbogenfarben können Menschen wohl ein blendendes Weiß hervorbringen; Licht dagegen können sie nicht erzeugen. Eine Vereinigung der Tugenden im Menschen macht ihn wohl tugendhaft; Liebe dagegen wird nimmermehr dadurch erzeugt. Wie aber wird dieses vortrefflichste aller Lebensgüter als Ganzes unserer Seele mitgeteilt? Wir strengen unseren Willen an, um in dessen Besitz zu gelangen. Wir versuchen, denjenigen nachzuahmen, die dies Gut besitzen. Wir legen uns allerlei Regeln darüber zurecht. Wir wachen. Wir beten. An und für sich kann dies Alles nimmermehr das Wesen der Liebe in uns pflanzen. Liebe ist eine W i r k u n g. Und nur die Erfüllung der Bedingung kann in uns solche Wirkung hervorbringen. Die Ursache solcher Wirkung findet sich 1 Joh. 4. 19, wo es nach dem Grundtert heißt: „Wir lieben, weil Er uns zuerst geliebt hat." „Wir lieben", und nicht: „Lasset uns Ihn lieben", wie es bisher übertragen wurde. „Wir lieben — weil Er uns zuerst geliebt hat." Sieh das Wörtlein „weil" genauer an. Das ist die bezeichnete Ursache. „Weil Er uns zuerst geliebt hat", folgt als Wirkung, daß wir lieben, daß wir Ihn lieben; ja, alle Menschen lieben. Wir können nicht anders. Unser Herz wird Schritt für Schritt erneuert. Wer Christi Liebe betrachtet, muß lieben. Stelle dich vor diesen Spiegel, laß Christi Charakter dich durchleuchten, dann wirst auch du in Sein Bild von einer Klarheit zur andern verwandelt werden. Es gibt keinen anderen Weg. Man kann nicht auf Befehl lieben. Aber du kannst das Liebenswürdige anblicken, dich in dasselbe versenken, und allmählig ihm ähnlich werden. So betrachte diesen vollkommenen Charakter, dieses vollkommene Leben, das große Opfer, das Christus bringt, indem Er sich selbst dargiebt in seinem Leben und am Kreuz auf Golgatha: wahrlich, du mußt ihn lieben. Und indem du Ihn liebst, mußt auch du werden, wie Er ist. Liebe erzeugt Liebe. Lege ein Eisenstäbchen in die Nähe eines elektrisirten Körpers, und das Eisenstäbchen wird eine zeitlang magnetisirt. Durch bloße Berührung mit dem Magneten verwandelt es sich zeitweilig in einen solchen; und so lange beide verbunden sind, bleiben beide gleich magnetisch. Bleiben wir bei Dem, der uns geliebt und sich selbst für uns gegeben, werden auch wir dadurch zum permanenten Magneten, zu einer beständigen Anziehungskraft; und wie Er, so werden auch wir unsere Mitmenschen an uns ziehen, und wie Er, werden auch wir uns zu ihnen hingezogen fühlen.

Dies ist die unausbleibliche Wirkung der Liebe. Jedermann, der diese Bedingung erfüllt, muß auch deren Wirkungen erfahren. Den thörichten Gedanken, als kämen wir in Besitz der Religion durch Zufall, Geheimnißkrämerei, oder durch willkürliche Menschen=

fünblein, müssen wir aufgeben; in natürlicher Ordnung oder durch das übernatürliche Gesetz — denn alle Gesetze sind göttlichen Ursprungs — wird sie uns mitgeteilt.

Eduard Irving besuchte einst einen sterbenden Knaben und als er das Krankenzimmer betrat, legte er blos seine Hand auf des Leidenden Haupt und sagte: „Mein Sohn, Gott liebt dich" — und ging weg. Der Knabe erhob sich in seinem Bette und rief: „Gott liebt mich! Gott liebt mich!" Die Ueberzeugung, daß Gott ihn liebt, überwältigte ihn, zerschmolz ihn und brach sich Bahn, in ihm ein neues Herz zu schaffen. Auf diese Weise schmilzt die Liebe Gottes das lieblose Herz im Menschen und erzeugt in ihm eine **neue** Creatur, die da ist geduldig, und demütig, und sanft, und uneigennützig. Keinen anderen Weg giebt es dazu zu gelangen; es ist höchst einfach. Wir lieben Andere, wir lieben Jedermann, auch unsere Feinde, denn Er hat uns zuerst geliebt.

Der Liebe Dauer.

Zum Schluß noch einige Worte über den sehr beachtenswerten Grund, weshalb Paulus die Liebe so besonders als das köstlichste Besitztum hervorhebt. „Die Liebe hört nimmer auf" — s i e ü b e r d a u e r t A l l e s! Auch hier zählt der Apostel die trefflichsten Dinge seiner Zeit auf; er mustert eins nach dem anderen und liefert den Beweis, daß sie alle blos flüchtig, zeitweilig, ja gar hinfällig sind.

Zu jener Zeit war einer jüdischen Mutter sehnlichster Wunsch, daß aus ihrem Sprößling ein Prophet werde. Seit Jahrhunderten hatte Gott durch keinen Propheten mehr geredet; ein Prophet war damals größer als ein König. Mit Spannung harrte man damals auf einen andern Boten von Gott. Erschien einer, hieng man an seinen Lippen, als ob es Gottes Stimme selbst wäre. Dessenungeachtet sagt Paulus: "so doch die Weissagungen aufhören werden." Eine um die andere der Menge der Weissagungen der Schrift hat aufgehört: das heißt, nachdem sie erfüllt sind, ist ihr Werk gethan, sie haben keinen weiteren Zweck mehr in der Welt, als der Frommen Glauben zu stärken.

Sodann redet Paulus von Sprachen oder Zungen. Das Zungenreden war in seiner Zeit eine andere geschätzte Gabe. "Und die Sprachen (Zungen) werden aufhören." Seit der Zeit des Zungenredens, in welcher Paulus solches schrieb, ist manches Jahrhundert entschwunden. Die Zungen oder Sprachen haben aufgehört. Dies gilt, in welchem Sinne wir es auffassen mögen. Beziehen wir es beispielsweise auf Sprachen im allgemeinen — ein hier dem Apostel fern liegender Sinn — ergiebt sich, obwohl kein direkter, doch ein allgemeiner Beweis für die Wahrheit seiner Erklärung. Betrachtet einmal die griechische Sprache, in welcher der Apostel diese Briefe schrieb. Sie hat aufgehört. Ebenso die lateinische Sprache, die andere große Sprache jener Zeit, ist dahin. Indiens Sprache ist am Verschwinden. Die Sprachen von Wales und Hochschottland's sterben vor unseren Augen aus. Das, mit Ausnahme der Bibel, gelesenste Buch der Gegenwart in englischer Sprache ist Dicken's „Pickwick Papers"; es ist großenteils in der Sprache des Londoner Straßenlebens geschrieben, und Kundige versichern uns, daß es in fünfzig Jahren dem gewöhnlichen englischen Leser unverständlich sein werde.

Immer kühner werdend, fügt Paulus hinzu: „Das Erkenntnis wird aufhören." Die Weisheit der Alten, wo ist sie? Sie hat sich gänzlich überlebt. Einem Schulknaben der Gegenwart steht mehr Wissen offen, als Isaak Newton hatte; sein Wissen ist heute nicht mehr zulänglich. Ihr werft die gestrige Zeitung in's Feuer. Das Neue von gestern, ist heute schon alt.

Alte Ausgaben der großen Encyklopädieen sind um ein Spottgeld feil; was sie boten, genügt nicht mehr. Seht wie das Dampfroß die Postkutsche verdrängte; seht, wie Elektricität selbst wieder die Dampfkraft überflügelt und hundert fast neue Erfindungen beiseite schiebt. Einer der tüchtigsten Fachmänner sagte unlängst: „Die Zeit der Dampfmaschine neigt sich ihrem Ende zu." „Das Erkenntniß wird aufhören." Die Maschine, die 20 Jahre zurück als neue Erfindung, der Stolz der Stadt, das Wunder der Gegend war, liegt heute im Schuppen ein Haufen zerbrochener Räder, Schäfte und Hebel, rostverfressenes altes Eisen. Neueres hat dieselbe zurückgedrängt, ihr Tag ist dahin. Auch die vielgerühmte Wissenschaft und Philosophie der Gegenwart wird bald veralten. Kaum gestern war James Simpson, der Erfinder des Chloroforms, noch der berühmteste Professor der weitbekannten Universität Edinburg. Kürzlich wurde sein Nachfolger und Neffe Professor Simpson vom Bibliothekar der Universität ersucht, Bücher seines Faches, die nicht mehr im Gebrauche seien, auszuscheiden. Seine Antwort war: Alle über 10 Jahre alten Textbücher sind unbrauchbar und können weggeräumt werden. James Simpson war eine große Autorität noch vor wenigen Jahren, von allen Weltteilen kamen Wissensdurstige, ihn zu hören, und doch hat die Wissenschaft der Gegenwart auf dem Gebiete der Chemie beinahe das ganze Wissen seiner Zeit beiseite gesetzt. Jeder andere Wissenszweig erfährt dasselbe Schicksal. „Unser Wissen ist Stückwerk." Jetzt sehen wir in einem Spiegel dunkle Umrisse.

Vermöget ihr mir etwas zu nennen, das auf die Dauer bleibt? Viele irdische Güter würdigt Paulus nicht einmal der Bezeichnung. Nicht mit einer Sylbe erwähnt er Geld, Glück, Ruhm, aber er greift das heraus, was von den Edelsten jener Zeit hochgeschätzt wurde, und selbst diesem spricht er bleibenden Wert ab. Paulus erhebt keinen Einwand gegen die Güter dieses Lebens, er läßt denselben ihren Wert. Alles, was er darüber äußert ist, daß sie vergänglich sind. Sie waren erhabene Güter, aber nicht höchstes Gut. Es giebt Erhabeneres, als jene hohen Güter. Was wir sind, ist bedeutungsvoller, als was wir thun, und mehr als was wir besitzen. Viele Dinge, die Menschen als Sünde beurteilen, sind nicht Sünde, aber sie sind nichtig. Die Nichtigkeit der Dinge hebt das neue Testament besonders hervor. Johannes sagt nicht von der Welt, daß sie nichts Gutes biete, sondern daß sie „vergehet." Viel Erfreuliches und Schönes ist in der Welt; sie hat des Erhabenen und Anziehenden viel; aber es vergeht. Alles, was in der Welt ist, Augenlust, Fleischeslust und hoffärtiges Leben, ist nur zeitweilig. Darum: „Habt nicht lieb die Welt." Die Welt hat nichts, das wertvoll genug ist, daß ihr eine unsterbliche Seele Dienst und Leben widme. Die unsterbliche Seele kann nur durch das Unsterbliche befriedigt werden. Und das einzige Unsterbliche ist: „Nun aber b l e i b e t Glaube, Hoffnung, Liebe, aber die Liebe ist die größeste unter

ihnen." Manche meinen, daß Glauben und Hoffnung aufhören werden — daß Glauben in Schauen und Hoffnung in Genuß sich verwandeln. Paulus sagt dies nicht. Wenig nur wissen wir jetzt von den Zuständen des zukünftigen Lebens. Gewiß ist aber, daß die Liebe bleiben muß. Gott, der ewige Gott, ist Liebe. Strebe daher nach diesem ewigen Gut, nach dem Einen, das gewißlich nie vergeht, nach der einen Prägung, die im Weltall gangbar sein wird, wenn aller Welt Münzen abgeschätzt worden sind und nichts mehr gelten werden. Ihr werdet euch manchen Dingen hingeben, vor allem aber widmet euch der Liebe. S ch ä tz e t r i ch t i g d e n W e r t d e r D i n g e , n a ch i h r e m w i r k=
l i ch e n V e r h ä l t n i ß . Vor allem sei es unser erstes Lebensziel, den hier geschilderten Charakter — und es ist Christi Bild — zu gewinnen. Liebe ist ewig. Johannes verbindet beständig Liebe und Glauben mit ewigem Leben. Als Knabe wurde ich nicht gelehrt, „daß Gott also die Welt geliebt hat, daß er seinen ein=

gebornen Sohn gab, auf daß alle, die an ihn glauben, nicht verloren werden, sondern das ewige Leben haben." Was man mich aber lehrte, war: "daß Gott die Welt so geliebt habe, daß, wenn ich ihm vertraute, mir Frieden, oder Ruhe, oder Rettung zuteil werden sollten. Selbst aber hatte ich erst auszufinden, daß, wer auf Gott traut, d. h. wer ihn liebt — denn Vertrauen zu Gott ist blos die Bahn zur Liebe — ewiges Leben hat. Das Evangelium verheißt dem Menschen Leben. Karget niemals mit dem Evangelium. Bietet es den Menschen voll und reichlich dar. Nicht nur Freude, oder nur Frieden, oder nur Ruhe, oder nur Rettung sollt ihr verkündigen, sondern daß durch Christi Sendung uns ein höheres, völligeres Leben geschenkt wird: ein Leben reich an Liebe, und groß in Bestrebungen zur Rettung der Welt und Linderung ihres Elendes. So nur kann das Evangelium den ganzen Menschen nach Leib, Seele und Geist erfassen und jedem Teil seines Wesens seine Thätigkeit zuweisen und seinen Lohn geben. Vielfach richtet sich die Heilsverkündigung blos an einen Teil der menschlichen Natur. Frieden wird angeboten, nicht Leben; Glauben, nicht Liebe; Rechtfertigung, nicht Wiedergeburt. Von solcher halben Heilsverkündigung wenden sich die Menschen meistens blos darum ab, weil ihrer Wesensbeschaffenheit nicht volle Rechnung getragen wird. Durch derartige Einseitigkeit wird keine tiefergehende, erfrischendere Lebensströmung erweckt. Unser Sehnen kann nur durch eine völligere Liebe gestillt werden, eine ewige Liebe, die die Weltliebe vollständig bekämpfen kann. Völlig lieben heißt völlig leben, und ewig lieben, ist ewig leben. Daher ist das ewige Leben auch unauflöslich mit der Liebe verbunden. Ganz aus demselben Grund möchten wir ewig leben, aus welchem wir den morgenden Tag zu erleben begehren. Weshalb dies? Weil uns Jemand liebt, den wir morgen wiedersehen, seiner Gegenwart uns erfreuen und unserer Gegenliebe ihn versichern möchten. Der Grund, warum wir überhaupt fortzu-

leben wünschen, ist: zu lieben und geliebt zu werden.
Wo Liebe fehlt, ist auch keine Lust zu leben; daher so
Manche Hand an sich selbst legen. Wo das Leben nicht
mehr Liebe ausatmet und einatmet, ist es gehalt- und
wertlos. Liebe zum Leben hat Leben in der Liebe zum
Grund, denn leben ist lieben. Sind alle Beziehungen
zum Leben abgebrochen, alle Liebesfäden abgeschnitten
dann ist auch aller Lebensnerv ertödtet. Ewiges Leben
heißt aber auch Gott erkennen, und Gott ist die Liebe.
Christi eigene Darlegung hierüber lautet: „Das ist
aber das ewige Leben, daß sie dich, daß du allein
wahrer Gott bist, und den du gesandt hast, Jesum
Christum, erkennen." Da die Liebe ist, was Gott ist,
so muß sie auch ewig sein. Im innersten Wesen ist
Liebe gleichbedeutend mit Leben. Die Liebe hört
nimmer auf, ebensowenig hört das Leben auf, solange
noch Liebe vorhanden ist. Das ist die Lebensweisheit,
die Paulus uns lehrt, und der Grund, warum in der
Natur der Sache die Liebe das köstlichste Kleinod ist,

besteht gerade in ihrer Unvergänglichkeit und in ihrem Eins-Sein mit dem ewigen Leben.

Dieses ewige Leben muß jetzt schon unser Teil sein, nicht etwa erst bei unserem Tode; haben wir es nicht schon hienieden besessen, so werden wir es schwerlich bei unserem Abscheiden finden. Kein traurigeres Loos gibt es, als lieblos und ungeliebt einsam bis in's Alter durch's Leben zu gehen.

Verloren werden heißt: in einem unwiedergeborenen Zustand leben — liebeleer und ungeliebt; selig werden heißt: lieben — wer in der Liebe bleibet, ist bereits schon in Gott, denn „Gott ist die Liebe."

Noch ein letztes Wort. Wie viele von euch wollen wohl mit mir dieses Kapitel (1 Cor. 13) wöchentlich für die nächsten drei Monate e i n m a l lesen? Jemand that dies einst, und sein ganzes Wesen wurde dadurch verwandelt. Willst du es thun? Es betrifft „das Beste in der Welt." Lese anfänglich jeden Tag besonders die vom vollkommenen Charakter handelnde Stelle: „Die Liebe ist langmütig und freundlich; die Liebe eifert nicht, die Liebe treibt nicht Mutwillen." Laß diese Bestandteile in deinen Adern pulsiren, dann wird Alles, was du thust, den Ewigkeits= stempel an sich tragen. Es lohnt sich der Mühe es zu thun und alle Zeit darauf zu verwenden. So wie irgend eine Vervollkommnung nach irgend welcher Seite hin, körperlich oder geistig, Vorbereitung und Sorgfalt verlangt, ebenso erheischen auch die Be= dingungen des geistigen Wachstums G e b e t, B e = t r a c h t u n g u n d Z e i t. Wende dich diesem e i n e n Ziele zu; was es auch koste, mache dir diesen unüber= trefflichen Charakter zu eigen. Du wirst ausfinden, wenn du auf dein Leben zurückblickst, daß die Lichts= punkte desselben, die Stunden, in denen du wirklich gelebt hast, solche sind, in denen du im Geist der Liebe thätig warst. Ueber und hinter all' den vorübergehen= den irdischen Freuden, wenn die Erinnerung sich in Vergangenes hineinversenkt, treten auch jene er=

habenen Stunden wieder vor dich, in denen du befähigt warst, unbemerkt Freundlichkeit denen zu erweisen, die um dich waren — Dinge, zu unbedeutend, um davon zu reden — von denen du aber empfindest, daß sie deinem ewigen Leben zugute kamen. Beinahe all' die herrlichen Werke Gottes habe ich gesehen; beinahe alle Freuden, die Er uns Menschen bereitet hat, habe ich genossen: und doch, schaue ich nun zurück, so sehe ich über dem entschwundenen Leben, wenige kurze Erfahrungen besonders hervorragen, in welchen die Liebe Gottes sich in etlichen, unbedeutenden Liebeswerken im matten Abbild in mir spiegelte; und dies scheinen die Dinge zu sein, welche einzig und allein vom ganzen Leben übrig bleiben.

Alles Uebrige in unser aller Leben ist vorübergehend. Irgend ein anderes Gut ist bloße Einbildung. Aber der Liebe Werk im Stillen geübt, von Menschen ungesehen und ungeahnt, „hört nimmer auf."

Nach Matthäus 25, 31—46, wo der jüngste Tag

uns vorgestellt ist, unter dem Bilde eines auf einem Thron Sitzenden, der die Schafe von den Böcken scheidet, wird die entscheidende Frage alsdann sein, nicht etwa: „Wie habe ich geglaubt?" sondern: „Wie habe ich g e l i e b t?" Der endgültige Prüfstein der Religion ist nicht religiöser Sinn, sondern L i e b e. Ich wiederhole es: Nicht darnach wird gefragt, was ich gethan, was ich geglaubt, was ich errungen habe, sondern wie ich im gewöhnlichen Leben Liebe übte. Der Thatsünden geschieht sogar nicht einmal Erwähnung in jenem Schreckensurteil. Wir werden gerichtet auf Grund solcher Dinge, die wir versäumt haben, auf Grund von U n t e r l a s s u n g s s ü n d e n. Es kann auch nicht anders sein, denn die Entziehung der Liebe ist eine Verläugnung des Geistes Christi und der Beweis, daß wir ihn nie erkannten, daß er für uns vergeblich erschienen ist auf Erden. Es zeigt, daß Christus unsere Gedanken nicht bewegt, daß in unserem ganzen Leben nichts von seinem Geist belebt ist, daß wir niemals ihm nahe genug gewesen sind, von der Zaubermacht seines Erbarmens für die Welt ergriffen zu werden. Es zeigt,

> „Für mich nur lebte ich dahin,
> Für mich allein, das war mein Sinn —
> Als hätte Jesus n i e sein Leben
> Am Kreuzesstamm dahin gegeben."

Es ist des M e n s ch e n s o h n, vor welchem alle Geschlechter der Erde versammelt werden. Vor der versammelten M e n s ch h e i t werden wir gerichtet werden. Schon die Scene selbst, das bloße Beschauen derselben wird Jeglichen stille richten. Diejenigen werden dort sein, die wir hier kannten und denen wir Liebe erwiesen, aber auch die herzlos übergegangene Menge, die wir versäumt und verachtet. Andere Zeugen sind unnötig. Keine weitere Anklage als Lieblosigkeit wird erhoben werden. Täuschen wir uns doch ja nicht! Nicht Theologie, sondern Wandel, nicht Kirchengemeinschaft und Heilige, sondern Hungrige und Arme, nicht Symbole und Lehren, sondern Herberge und Kleidung, nicht Bibeln und Gebetbücher, sondern Becher kalten Wassers im Namen Christi dargereicht, werden an jenem großen Entscheidungstage den Ausschlag geben und auf die Wagschale gelegt werden; darnach allein wird gefragt und e n d g ü l t i g gerichtet. Gott sei Dank, das Christentum der Gegenwart nähert sich der Not der Welt. Lebe, diesen Geist des Christentums zu fördern. Gottlob, die Menschen wissen genauer, was Religion ist, wer Gott ist, wer Christus ist und wo Christus ist. Wer ist Christus? Er, der die Hungrigen speiste, die Nackenden kleidete, die Kranken besuchte. Und wo ist Christus? Wo? — Wer ein solches Kind aufnimmt in meinem Namen, der nimmt Mich auf. Und wer gehört Christo an? „Wer lieb hat, der ist von Gott geboren."

Das Allerneueste!

In unserm Verlage wird nächstens erscheinen:

Friede sei mit euch!

von

Prof. Henry Drummond.

Einzige deutsche autorisierte Ausgabe.

Preis eleg. brosch. 35 Cents.

☞ Dies ist daß zweite Bändchen der Drummond'schen Schriften.

(Bb. 1. „Das Beste in der Welt.")

Inhalt:
Friede — Wirkung verlangt Ursache — Zweck des Joches — Wie Früchte reifen etc.